AF338958

LA
QUESTION D'ORIENT

ET

LA FRANCE

LETTRE

A M. Georges CLÉMENCEAU

PAR

M. N. SEULESCO

Prix : 1 fr.

PARIS

LIBRAIRIE DE ÉDOUARD DUCHEMIN
18 rue Soufflot, 18

1887

LA QUESTION D'ORIENT

ET

LA FRANCE

———

Lettre à M. Georges CLÉMENCEAU

LA
QUESTION D'ORIENT

ET

LA FRANCE

·•·

LETTRE
A. M. Georges CLÉMENCEAU

PAR

M. N. SEULESCO

———>·I·<———

Prix : 1 fr.

PARIS

LIBRAIRIE DE ÉDOUARD DUCHEMIN

18 rue Soufflot, 18

1887

LA

QUESTION D'ORIENT

ET LA FRANCE

LETTRE A M. GEORGES CLÉMENCEAU

La Question d'Orient entre dans une nouvelle phase, phase attendue avec impatience depuis longtemps par tous les amis de la liberté et des nationalités opprimées.

Si jamais un théoricien de la diplomatie appelle d'un nom chacune des périodes par lesquelles à passé cette question embrouillée, il qualifiera de *française* la période actuelle parce qu'elle répond aux anciennes traditions de la politique française en Orient, aux aspirations de ses grands hommes qui ont écrit en faveur des peuples Orientaux comme Michelet, Quinet, et comme Lamartine et St-Marc-Girardin qui ont visité l'Orient et l'ont étudié sur place.

Je m'explique. Toutes les fois que la France s'est mêlée des affaires de la péninsule balkanique, elle a cherché à faire prévaloir contre la Turquie barbare qui opprimait les chrétiens, contre la Russie despotique qui poursuivait des conquêtes, contre l'Angleterre intéressée à faire durer à tout prix l'empire Ottoman et contre les subtilités de l'Autriche la généreuse et loyale politique d'appui et de relèvement des populations soumises à la domination Ottomane.

Ce qui affligeait souvent la France et les écrivains amis des peuples Orientaux, c'était précisément qu'ils ne s'agitaient pas assez, ne donnaient pas assez des signes de vie. Leur protestation contre le joug de la Turquie et l'ambition de la Russie n'était pas assez vigoureuse, enfin ils ne manifestaient pas suffisamment leur désir et leur volonté ferme d'être et de rester eux-mêmes, avec leur propre nature et leur caractère.

Pourtant les amis des populations Orientales ne doutaient pas un seul moment, ils espéraient toujours, ils espéraient avec obstination dans une renaissance orientale en bravant les railleries anglaises et les rodomontades russes.

Cette généreuse politique, imposée à l'irrésolution gouvernementale par l'opinion publique, la France l'avait sanctionnée par des faits, répendant souvent le sang même de ses enfants pour la soutenir.

C'est ainsi que se sont formées la Grèce, la Serbie, le Montenegro contre la Turquie appuyée par l'Autriche; la Roumanie contre la Russie et en dernier lieu la Bulgarie. Dans tous les congrès et toutes les conférences diplomatiques la France s'est trouvée du côté des peuples opprimés. Ses hommes d'état et ses grands écrivains ont applaudi tout pas fait vers la solution définitive, qui ne peut être autre que la délivrance complète des peuples balkaniques de la tyrannie turque et de l'ambition russe.

Eh bien, quelle serait la surprise de tous les esprits géréreux qui ont indiqué à la France cette politique salutaire, conforme à ses principes démocratiques et à ses intérêts, en voyant qu'aujourd'hui, quand ces peuples on donné les preuves les plus certaines de leur vitalité, quelle serait leur surprise, dis-je, devant la nouvelle évolution de la politique extérieure de la France en ce qui concerne les peuples orientaux? Et cette évolution se passant sous la république ! Et la place de la France dans la *période française* du développement de la question d'Orient occupée par l'Angleterre !

On pourrait peut être expliquer cette singulière évolution, car tout peut s'expliquer; mais comme les récriminations ne serviraient à rien, permettez-moi, vous, dont la voix a toujours retenti dans le parlement en faveur des faibles et des opprimés, permettez-moi d'attirer votre attention et celle de la minorité républicaine, fidèle aux anciens principes de la Révolution, sur la phase critique que traverse la question d'Orient au moment actuel. C'est le but de cette lettre.

*
* *

La question d'Orient a été posée du jour où les Turcs sont entrés en Europe.

Pendant des siècles s'est déroulée devant nous la première période de cette question, offensive de la part des ottomans et défensive de la part des nationalités de la péninsule balkanique. Le reste de l'Europe a été forcé de temps en temps de prendre part aux luttes contre l'envahisseur par intérêt de propre conservation. Il y a déjà plus d'un siècle que nous assistons à la seconde période de la question orientale, défensive cette fois pour les Ottomans et offensive de la part des nationalités soumises à leur domination.

Ne pouvant faire autrement, l'Europe avait réussi, bien ou mal, à établir un quasi-équilibre *avec* la Turquie. De là les efforts de l'Occident européen pour la sauver, jusqu'à ce qu'on se convainquit qu'il était de l'intérêt de la civilisation que la place d'une Turquie faible soit occupée par une jeune et puissante confédération, pleine de vie et capable d'enrayer les appétits de toutes sortes de ses voisins.

Voyons quelle a été l'attitude des grandes puissances européennes toutes intéressées à la solution de ce problème épineux.

A cause de ses grandes relations commerciales et maritimes avec le monde entier et surtout à cause de ses colonies dans l'extrême Orient, l'Angleterre désire que le Bosphore et Constantinople n'appartiennent pas à une grande puissance qui puisse les utiliser. Montesquieu a spirituellement remarqué que le rôle providentiel de la Turquie est de garder inutilement un grand empire.

Tout le temps que les Turcs ont été assez aptes pour réaliser avec succès ce rôle d'eunuques, qui convenait merveilleusement à l'Angleterre, ils n'ont pas trouvé d'amis plus sûrs et plus fidèles que les Anglais.

L'intérêt de l'Angleterre est d'éloigner du Bosphore toute grande puissance, l'Autriche tout comme la Russie. On se rappelle qu'après lord Beaconsfield qui a fait évacuer la péninsule balkanique par les Russes, M. Gladstone arrêta l'Autriche à Novi-Bazar en lui criant « à bas les mains », et en 1862, quand la France avait montré quel-

ques velléités de rester en Syrie, la diplomatie anglaise
fit tout son possible pour lui faire évacuer cette province.

Une Turquie puissante ne convenait pas non plus à l'Angleterre. Qui est-ce qui ne se rappelle pas en France les
événements de 1840 quand un pacha intelligent et énergique, révolté contre le Sultan, écrasa toutes les forces de
l'empire et avançait vainqueur sur Constantinople, at-
tendu en libérateur par tous les Mahométans?

Ce n'est que grâce à l'Angleterre et au concert des qua-
tre grandes puisssances, parmi lesquelles la France ne se
trouvait pas, que le Sultan a pu sauver son trône. Mechemet-Ali aurait pu régénérer la Turquie et était l'ami de
la France, chose que l'Angleterre ne pouvait pas tolé-
rer.

Ainsi l'Angleterre était intéressée à prolonger à l'infini
l'agonie de l'empire turc et ne faisait rien pour le rani-
mer.

La Russie depuis Pierre le Grand ne fait que guerroyer
contre la Turquie et à la suite de chaque guerre elle lui
enlève une province.

Pour atteindre son but unique qui est la conquête,
la Russie a exploité au XVIIIe siècle le sentiment religieux
et au siècle actuel le sentiment national. La communauté
de religion et de race avec une grande partie des peuples
balkaniques l'a aidé admirablement dans ses entreprises,
jusqu'à ce que ces peuples se soient réveillés. La Crimée,
la Finlande, la Pologne et les brutalités du tsar Nicolas
ont fait plus que toute propagande anti-russe pour dessil-
ler les yeux des malheureuses nationalités soumises à
la Turquie. La Russie qui possède la plus fine et la plus
perspicace des diplomaties modernes a profité de toutes

les occasions avec une persévérance remarquable pour s'approcher de la Mer-Noire, du Danube et ensuite du Bosphore. Repoussée par l'Europe, la Russie a profité de toutes les disputes des grandes puissances pour atteindre le but qu'elle poursuit. Se mettant à la tête de la contre-révolution en Europe pour forcer les souverains qui lui devaient la couronne de la récompenser par le « laisser faire » en Orient, ainsi qu'elle a agi en 48 ; ou bien fomentant les révolutions, excitant des insurrections, agitant et exploitant le spectre rouge afin de pouvoir intervenir. La Russie qui à l'intérieur est autocratique et despotique a souvent à l'étranger une politique démocratique, quelquefois même républicaine. Elle a toujours et incessemment cherché à intervenir, à gagner et à pêcher dans l'eau qu'au besoin elle trouble elle-même. La Russie n'a jamais désiré la régénération de la Turquie et n'a jamais vu d'un bon œil le réveil national des peuples balkaniques. Elle pressentait dans ces peuples des ennemis plus sérieux que l'Empire Ottoman. Et puis la manière vraiment originale de traiter ses alliés, qu'elle abandonne avec une désinvolture et une indépendance de cœur inoubliables, si même elle ne les dépouille pas comme des vaincus, ont fini par avertir les malheureuses populations balkaniques. Elles craignent moins la Turquie barbare que la Russie libératrice.

Une autre grande puissance directement intéressée aux affaires orientales est l'Autriche. Cet empire, chassé en 1859 d'Italie par la France et en 1866 d'Allemagne par la Prusse, s'est jeté sur l'Orient ou il cherche à tout prix une compensation à ses provinces perdues.

L'Autriche a inauguré sa nouvelle politique orientale, le « drang-nach osten », en 75 quand elle a donné carte blanche à la Russie, en lui permettant de faire ce qu'elle voudrait dans la péninsule, exigeant comme prix deux provinces de l'empire Turc : la Bosnie et l'Herzégovine. Par enchantement ces deux provinces se sont révoltées au nom de l'empereur François-Joseph. On se rappelle que la révolte a été suivie d'une insurrection générale dans presque tout l'empire turc. La guerre ne tarda pas à éclater avec le Montenegro et la Serbie, ensuite avec la Russie même et la Roumanie. C'est une vieille tradition de la diplomatie autrichienne que le fait d'arracher une province à ses voisins, étant en paix avec eux, alors qu'ils sont embarassés dans des guerres avec d'autres voisins . Quelquefois même il arrive que l'Autriche, ne pouvant secourir un allié ou une nation amie, s'entend avec l'agresseur pour la partager. C'est ainsi qu'elle a agi plusieurs fois avec la Pologne, ensuite avec la Turquie à laquelle déjà au siècle dernier elle avait ravi, en pleine paix, une province appartenant à la Moldavie, vassale du Sultan, la Buckovine.

L'Autriche voudrait s'annexer Salonique et la Russie Constantinople.

De là toutes sortes d'intrigues pour se créer des satellites parmi les populations des Balkans, à l'aide desquelles elles puissent poursuivre leurs desseins.

L'Angleterre voudrait empêcher les Russes d'arriver à Constantinople et les Autrichiens à Salonique ; mais elle est convaincue que la Turquie est trop faible pour défendre ses frontières contre la Russie ou l'Autriche.

De là la nouvelle phase de la politique anglaise qui soutient et cherche à affermir les jeunes et vigoureuses nationalités qui tendent à remplacer la Turquie. L'Angleterre est certaine qu'elles seront le plus solide boulevard élevé contre l'ambition des deux grands empires orientaux.

Cette politique, depuis longtemps préconisée par la France d'une manière sentimentale, est adopté aujourd'hui par l'Angleterre parce qu'elle y trouve son intérêt.

Longtemps l'Allemagne a été complétement indifférente à tout ce qui se passait dans la péninsule balkanique. A cause des relations de famille de la cour de Saint-Pétersbourg avec les souverains allemands et de l'intérêt qu'avait la Prusse à contenir les provinces polonaises de l'ouest on était souvent favorable aux entreprises de la Russie en Orient. Aujourd'hui que l'Allemagne a fait son unité, qu'elle n'a plus besoin au dehors des services de la Russie ; mais surtout depuis que l'Allemagne s'est alliée à l'Autriche, on est forcé à Berlin de prendre part d'une manière plus active et plus directe à tout ce qui se passe dans la péninsule balkanique. M. de Bismarck doit épouser les intérêts de l'Autriche, seule compensation pour le service immense que lui rend l'empire des Habsbourg en l'aidant à garder la paix en Europe, car dans l'état actuel la paix n'est profitable qu'à l'Allemagne qui n'a rien à gagner à une guerre et aurait beaucoup à perdre.

L'Italie qui cherche avec nervosité l'occasion d'agir en grande puissance est l'un des pays les plus intéressés à ce que la Russie ne soit pas maîtresse de Constantinople et l'Autriche de Salonique. Sa puissance maritime et ses espérances d'expansion coloniale en seraient profondément lésées.

L'opinion publique en Italie est tout à fait favorable aux nationalités balkaniques, car le temps n'est pas éloigné où la péninsule Italique était tout aussi divisée et malheureuse que ne l'est aujourd'hui celle des Balkans et le sentiment national se trouve cette fois en conformité avec l'intérèt bien entendu du gouvernement du Quirinal. Voilà pourquoi l'Italie se trouve à côté de l'Angleterre dans toutes les négociations relatives aux affaires de Bulgarie.

Après ce court et rapide résumé de l'attitude des différentes grandes puissances européennes dans la question orientale, il est temps de parler de la France qui nous préoccupe surtout dans la crise actuelle.

A cause de sa politique désintéressée et de sa noble ardeur à soutenir les petites nationalités contre tous leurs ennemis, la France avait en Orient une situation unique. Les voyageurs français n'ont jamais cessé de propager l'idée d'une confédération balkanique et les grands écrivains ont soutenu avec éloquence dans les revues, les journaux et les publications historiques le droit à l'autonomie des divers peuples soumis à la Turquie. Les représentants et les consuls de la France étaient aimés et respectés dans tout l'orient et la qualité de français était un vrai titre pour être partout reçu et fêté avec enthousiasme. C'est l'impression rapportée par la presque unanimité des voyageurs de leur tournée dans la péninsule balkanique. Les peuples avaient été soutenus non seulement moralement, d'une manière platonique, par les érudits et les publiscites de la grande nation, souvent la France intervenait d'une manière effective par sa diplomatie et quelquefois par les armes en faveur des opprimés.

Chacun parmi les petits états devait à la France, l'un son indépendance ou son autonomie, d'autres une intervention opportune pour les sauver d'une invasion ou de la vengeance de l'oppresseur. Toutes les petites nations étaient attachées à la France par le lien cette fois solide de la reconnaissance, car elles étaient trop petites, trop faibles et trop éloignées de leur bienfaitrice pour la craindre ou pour se permettre le luxe de l'envie et de l'ingratitude. La preuve de l'état des esprits c'est l'éclatante manifestation du temps de la guerre de 1870 lorsque de nombreux volontaires roumains, grecs et serbes accouraient sous les drapeaux du gouvernement de la défense nationale et que les dons et contributions pour les blessés français se recueillaient dans tout l'Orient. Il y a des pays auxquels M. de Bismarck n'a pas encore pu pardonner les manifestations de 1870. L'Orient avait consacré un culte au peuple français, auteur de la grande révolution, qui avait déchaîné dans le monde le principe des nationalités, principe qui lui était favorable et qu'il invoquait à son tour.

A propos du principe des nationalités, nous nous permettons de remarquer, contrairement à l'idée qui s'est répandue dans la presse française depuis quelques temps, contrairement à ceux qui soutiennent que ce principe a été nuisible à la France et qu'il a été une des fautes graves de la diplomatie du second empire, que M. de Bismarck n'a pas exploité le principe des nationalités à son tour pour le tourner contre la France. D'ailleurs le gouvernement prussien qui avait des sujets Danois et Polonais aurait craint de se servir d'une arme de cette nature. L'habileté de M. de Bismarck, qui poursuivait l'unité de l'Allemagne sous la suprématie prussienne, a consisté précisément en ce qu'il a réussi à dénoncer la France aux peuples allemands comme contraire au principe des nationalités et désirant faire des conquêtes.

Encore une idée qui tendait à s'accréditer c'est que

tous les peuples de l'orient, surtout les Roumains, rapportent au parti bonapartiste tout ce que la France a fait en leur faveur et qu'ils gardent un culte reconnaissant à la mémoire des Napoléon.

Cette idée est inexacte précisément en ce qui concerne les Roumains car ils se rappellent que Napoléon Ier proposait les principautés danubiennes, la Roumanie actuelles, aux puissances qu'il avait vaincues. C'est ce qu'il fît à Tilsitt, après Eylau et Friedland, avec la Russie, et avec l'Autriche après Wagram. Il leurs offrait généreusement les principautés danubiennes qui ne lui appartenaient pas. Ils se rappellent encore qu'en 1866 Napoléon III voulait les donner à l'Autriche en échange de la Vénétie et que ce n'est que grâce à l'Italie qui n'accepta pas le marché que la Roumanie échappa à la domination autrichienne.

Napoléon III a commis les mêmes fautes en orient qu'en occident : ce n'est que sous son règne que les petits peuples ont douté de la France.

Aujourd'hui la France a une situation telle, en vertu de ses traditions historiques, de ses idées de gouvernement et de son état républicain, qu'elle pourrait prendre une position nette, claire ; elle seule parmi les grandes puissances n'a pas des intérêts égoïstes à sauvegarder en Orient ; la France seule pourrait faire prévaloir les idées de justice et d'humanité ; par sa voix seule les intérêts de la civilisation et du progrès pourraient être exprimés.

Le quiétisme en politique n'a jamais profité à une grande nation. En se désintéressant des grandes questions d'ordre européen ou bien en les effleurant d'une manière superficielle, on habitue les autres puissances à se passer de la France et les nations amies perdent toute confiance. Que faut-il penser d'un grand pays qui, rompant avec tout son passé, oubliant les plus nobles traditions de sa diplomatie, repousse tous les principes démocratiques qu'il avait propagé et qui lui avaient gagné la sympathie de tous les hommes de bien et des vrais libéraux du monde entier? Et ceci arrivant précisément au moment où, à cause de sa forme de gouvernement, on s'attendrait à voir ce grand et généreux peuple prendre l'initiative des idées les plus avancées et les plus humanitaires... On n'oublie pas, du jour au lendemain, l'idéal sublime montré avec une persévérance énergique, à travers toutes sortes de convulsions, aux jeunes peuples et on ne renverse pas tout un édifice diplomatique de gaité de cœur sans en ressentir les secousses.

Et quand on pense qu'une grande nation agit de la sorte pour se rapprocher des ennemis les plus fervents des idées modernes, idées qu'elle avait répandu dans le monde, pour lesquelles elle avait fait des sacrifices immenses et qui lui avaient gagné l'universelle sympathie des faibles et des opprimés!

Mais avant de rechercher les causes de cette singulière révolution nous parlerons des peuples orientaux, de l'état dans lequel ils se trouvent, de leurs désirs et de leurs aspirations.

*
* *

Le midi de l'Europe est formé de trois péninsules. Dans la première, la péninsule ibérique, l'Espagne et le Portugal vivent à côté en bonne intelligeance. L'Aragon, la Castille, la Navarre se sont dissous dans la nation espagnole, laquelle, ne pouvant pas s'assimiler le Portugal, l'a laissé maître de ses destinées.

Dans la péninsule italique les diverses races de barbares venus du nord et du sud se sont dissous dans l'élément latin, donnant naissance à la nation italienne, pour laquelle Dante créa une nouvelle langue, Machiavel un idéal politique et Cavour un pays.

Dans la troisième, la péninsule balkanique, le procès d'assimilation n'était pas encore fini à cause du despotisme turc. Les idées modernes ont surpris les peuples des Balkans en flagrant délit : une nationalité n'avait pu se former et tous ces malheureux peuples se trouvaient très arriérés. De là les disputes religieuses, les querelles de races, la haine, l'envie, les intrigues et les rivalités entre Roumains, Grecs, Bulgares, Serbes, Albanais, Macédo-roumains et Turcs.

Mais depuis quelque temps, depuis que la civilisation et la culture font des progrès chez tous ces peuples, et surtout depuis que se dessine clairement l'ethnographie de chaque race et le terrain réservé à son développement ultérieur, les sujets de désaccords disparaissent de plus en plus et l'ancienne mésintelligeance, si propice à l'envahisseur, tend à se transformer en un désir général de rapprochement.

Le plus grand et le plus avancé de ces peuples est la Roumanie. Située aux bouches du Danube, le fleuve le plus important de l'Europe, ayant un sol arrosé par un système de rivières eminemment favorable à l'agriculture, la Roumanie est en même temps le pays le plus riche de l'Orient. Tous ces avantages ont été la cause, pour ce malheureux pays, lequel n'a jamais été directement soumis au sultan, d'une inhumaine exploitation économique qui a duré à peu près deux siècles. Cette exploitation consistait dans un barbare système de fermage du trône princier et dans un singulier monopole du commerce en faveur des individus munis d'un brevet délivré à Constantinople.

A la suite des guerres entre la Turquie et la Russie, la Roumanie fut détachée de l'empire Ottoman par les Russes qui en formèrent un état autonome avec la pensée de l'incorporer à leur empire, ainsi qu'ils avaient agi quelques années auparavant avec la Crimée. On se rappelle que la Crimée, après avoir été soi-disant libérée des Turcs par Catherine, s'est trouvée un beau jour purement et simplement annexée à l'empire Russe.

Les Roumains ont profité de leur semi indépendance pour se cultiver, introduire chez eux la civilisation occidentale et comme réaction contre le slavisme ils se sont rappelé leur origine latine. Ils ont envoyé des générations entières de jeunes gens dans les écoles et les facultés françaises qui ont amené dans leur pays avec la culture les idées et l'idéal civilisateur de la grande nation latine.

En 1877 la Roumanie, dans l'impuissance de faire autrement, s'est alliée à la Russie contre la Turquie. Elle profite de cette guerre pour proclamer son indépendance. La Russie, comme récompense de la coopération de l'armée roumaine qui avait changé en victoire l'échec de Plevna, lui arracha la Bessarabie pour atteindre enfin, par cette annexion, le Danube tant convoité.

Ce grand fleuve est la cause des appétits qu'excite la Roumanie parmi ses puissants voisins.

Il y a longtemps que Talleyrand a prononcé ces paroles caractéristiques : « Le centre de gravité du monde n'est ni sur l'Elbe, ni sur l'Adige, il est là bas aux frontières de l'Europe, sur le Danube. »

Une fois que la Russie eut atteint son but : devenir une puissance danubienne, l'Autriche devait faire tout son possible pour contrebalancer cette nouvelle position gagnée par la Russie.

De là toutes les intrigues et négociations diplomatiques de 1883 que chacun nécessairement se rappelle, car à cette époque la question du Danube avait menacé d'une manière sérieuse la paix dans l'Orient.

Les Russes étaient arrivés au Danube au détriment de la Roumanie en lui enlevant la Bessarabie, à son tour l'Autriche voulait avoir une situation préponderante en arrachant à la Roumanie sa souveraineté riveraine tout le long du Danube.

La Roumanie s'est énergiquement opposée à l'annexion de la Bessarabie par la Russie ; ce n'est qu'à l'Europe qu'elle s'est soumise. Dans la question du Danube elle a agi de la même manière envers l'Autriche : elle a protesté avec vigueur, menaçant de défendre par les armes la liberté de navigation sur le Danube. Les grandes puissances de l'Europe réunies en conférences à Londres ont décidé le contraire. La Roumanie a été de nouveau sacrifiée. Elle a pourtant trouvé avec l'Autriche un *modus-vivendi*, dont la précarité constitue une menace continuelle aux bonnes relations des deux voisins.

Quelle a été l'attitude de la diplomatie française dans ces deux affaires, l'annexion de la Bessarabie et la question du Danube, qui ont tant passionné le peuple roumain et ont agité l'Orient entier ? M. Wadington, président du conseil des ministres, délégué de la France au congrès de Berlin, laissa la Russie dépouiller son allié sans trouver un mot de protestation et, ce qui est plus triste, voulant faire l'honnête courtier, à l'instar de M. de Bismark, lui, le représentant de la France républicaine, se chargea de proposer au Congrès le marché que la Roumanie refusa : l'échange de la Bessarabie contre la Dobrudja !

Ce qui préocupait surtout Mr Wadington c'était la question israélite en Roumanie. L'alliance israélite, à laquelle M. Wadington servait de mandataire, a commis une faute colossale, faute déplorée aujourd'hui par tous les vrais amis des Israélites, en intervenant au congrès de Berlin.

Le gouvernement roumain, poussé par l'opinion publique de tout un pays exicité et douloureusement frappé dans son amour propre national, par cette intervention intempestive dans ses affaires intérieures, juste au moment ou la Roumanie avait conquis par les armes son indépendance, a trouvé moyen d'éluder toutes les dispositions du congrès de Berlin favorables aux israélites. Le parti libéral roumain, quelques années auparavant, avait pris entre ses mains la cause des juifs et l'aurait sûrement menée à bon résultat. L'intervention étrangère en leur faveur a rendu impossible la tâche du parti libéral. Les esprits ont été tellement surexcités que pendant quelques années toute discussion calme de la situation exceptionnelle des juifs au milieu de la société roumaine a été impossible. Aujourd'hui les passions s'apaisent, la jeune fraction du parti libéral sous la conduite de MM. Vintilla Rosetti et Georges Pano commence à soutenir dans la presse et les réunions la cause des juifs, et, signe caractéristique, les israélites eux mêmes plaident leur procès en s'adressant à l'opinion publique roumaine et en protestant contre ceux qui compromettent leur cause à l'étranger. Il y a une détente dans les relations entre juifs et roumains.

Nous avons fait cette digression pour faire comprendre

pourquoi la diplomatie française, déjà compromise vis-à-vis des roumains par le fait d'avoir aidé la Russie à leur arracher la Bessarabie, a récolté toute la déconsidération attachée à l'intervention dans leurs affaires intérieures.

Mr de Bismarck, qui cherchait à tout prix un client parmi les peuples orientaux, sachant combien la Roumanie était liée à la France, a profité de ces fautes de la diplomatie française, et, en les exploitant avec habileté dans la presse allemande et les satellites de cette presse à Bucarest, avait réussi à refroidir l'unanime sympathie du peuple roumain pour la France.

Cependant la presse indépendante, amie de la France, en rendant responsable M. Wadington personnellement et en mettant sur le compte d'un égarement passager de la diplomatie les fautes du gouvernement de Paris, avait réussi à faire revivre les anciennes sympathies et la popularité de la France en Orient.

Ce qui a touché le plus profondément et le plus douloureusement les amis de la France dans tout l'Orient, ce fut l'attitude incompréhensible du gouvernement français dans la question du Danube.

Tandis que la Roumanie, par son opposition ferme, avait à peu près acculé l'Autriche à l'alternative d'abandonner toutes veilleités de domination sur le Danube ou d'intervenir avec la force, chose presque impossible, M. Barrère, le délégué de la France, repêcha la diplomatie autrichienne prenant en sous-œuvre la proposition du gouvernement de Vienne en l'appelant *projet français*.

Il essaya ensuite de faire passer son projet au nom de la sympathie et des anciens liens d'amitié de la Roumanie pour la France.

La presse roumaine comprit immédiatement et dénonça à la presse française cette manœuvre.

Cet acte de complaisance de la diplomatie française vis-à-vis de l'Autriche, l'alliée de l'Allemagne, a rencontré une réprobation presque universelle dans la presse parisienne.

Le projet français, avec quelques modifications, fut reçu par la conférence de Londres et immédiatement la presse allemande, qui avait gardé jusqu'à ce moment la neutralité, dénonça la France aux roumains comme seu'e coupable dans cette déplorable affaire. M. de Bismarck avait atteint deux buts : le premier, créer à l'Autriche, son alliée, une position prépondérante sur le Danube et le second, montrer la France continuellement malveillante à ses amis entêtés, les Roumains. Il se préparait ainsi un futur client dans l'Europe orientale au cas d'une conflagration européenne et rendait possible un rapprochement de la Roumanie et de l'Allemagne, chose qui aurait paru une énormité quelques années auparavant.

Depuis quelque temps en Serbie et au Montenegro rien ne s'est passé qui puisse motiver une intervention de la diplomatie européenne.

L'année passée la France dans les affaires grecques a eu une conduite conforme à ses nobles traditions, conduite qui a réjoui tous les amis de la France en Orient.

Tout le monde espérait que la France reprendrait l'ancienne politique loyale et généreuse, politique qui consistait dans l'appui des nationalités et des peuples jeunes, quand l'attitude du gouvernement français dans les affaires de Bulgarie a été une déception universelle.

Nous n'avons pas besoin de rappeler les évènements de Bulgarie : ils sont trop récents. Un petit peuple, qui n'a pas de vie nationale propre que depuis une huitaine d'années, donne les preuves les plus éclatantes de vitalité et attire l'admiration par l'énergie avec laquelle il défend son indépendance contre l'empire le plus puissant du monde et contre la diplomatie européenne, qui cherche toutes sortes de palliatifs pour satisfaire son ennemi. On s'attendait à ce que la France se trouva du côté du plus faible. Ceux qui connaissent le passé héroïque de cette grande nation espéraient que la bravoure, la loyauté et le patriotisme des Bulgares auraient remué tout le monde, que l'opinion publique leur serait favorable et que la diplomatie de la République française ne se trouverait pas du côté du despotisme contre la liberté. Il n'en fut rien.

Le peuple bulgare, qui a réalisé son union avec ses frères de Roumélie, ne demande rien autre que de vivre en paix, poursuivant l'œuvre de renaissance politique et sociale, entreprise avec tant de succès depuis quelques années. La Russie, qui a perdu l'amitié des Grecs, Roumains et Serbes sitôt que ses projets ont été dévoilés, aujourd'hui, par sa manière de se comporter avec les Bulgares, indigne tous les hommes de cœur et sent que cette fois-ci elle a perdu jusqu'à la dernière parcelle de confiance et de sympathie qu'on lui gardait encore en Orient.

Toutes les fois qu'on parle de la Russie il faut faire une distinction. Il n'y a que le Tsar, la diplomatie et quelques organes moscovites qui soient hostiles à la Bulgarie et qui poussent à des actes inavouables dans la péninsule balkanique.

Le peuple russe et tous les esprits libéraux qui souffrent de la tyrannie intérieure n'ont que des sympathies pour le malheureux peuple bulgare.

Comme ils ont dû être touchés les délégués bulgares

qui ont parcouru toute l'Europe cherchant à gagner en leur faveur les gouvernements, car l'opinion publique dans le monde entier leur est acquise, et combien douloureusement impressionnées toutes les nationalités de l'Orient de la manière dure dont ces délégués furent reçus à Paris par M. Flourens !

Et remarquons que c'est la seule, mais la seule capitale où ils aient été si froidement reçus !

Le public a été indifférent, et, ce qui est plus triste, il s'est trouvé des journaux, des journaux français, pour insulter l'héroïque petit peuple ! Mais passons !...

Les esprits éclairés en Roumanie, Grèce, Serbie et Bulgarie tendent à constituer une confédération dans laquelle la Turquie pourrait entrer si elle le désire.

L'unique difficulté d'ordre intérieur qui s'opposerait à une entente entre tous ces peuples serait la Macédoine, province que chacun revendique car elle est habitée par des Grecs, des Roumains, des Bulgares, des Serbes et des Turcs, confondus les uns avec les autres.

Eh bien, ce n'est qu'une confédération qui pourrait trouver la solution de la question macédonienne. On la sauverait du despotisme turc et de l'ambition autrichienne et l'on aplanirait toutes les difficultés intérieures. Voilà de quelle manière : cette province serait érigée en état autonome sous la suzeraineté de la confédération orientale, confédération composée de tous les peuples qui ont des nationaux en Macédoine. Un gouvernement composé de commissaires nommés par les états balkaniques : la Grèce, la Roumanie, la Bulgarie, la Serbie et la Turquie, avec une assemblée de notables dans laquelle se trouveraient représentés, proportionnellement à leur nombre, toutes les nationalités habitant la Macédoine, serait la solution la plus juste, la plus pratique et la plus humanitaire.

Le peuple albanais devrait former un état autonome, lequel, une fois organisé, s'empresserait certainement d'entrer dans la confédération balkanique.

Cette confédération, aujourd'hui possible, ne serait que la réalisation des vœux de tous les publicistes français, des efforts de la diplomatie dans les complications passées des affaires orientales.

Mais il y a d'autres difficultés, malheureusement bien plus sérieuses, car les mésintelligences parmi les populations balkaniques tendent à disparaître et il n'y a que les intrigues de leurs puissants voisins qui les enveniment quelquefois. Ces difficultés qui font enrayer le mouvement d'opinion qui porte les peuples orientaux vers la confédération viennent de l'étranger et sont d'ordre européen.

La Russie et l'Autriche sont absolument contraires à l'idée d'une confédération qui empêcherait d'une manière définitive toute possibilité de conquête en Orient. La Turquie de même, car elle devrait se résigner à la perte d'une nouvelle province, laquelle d'ailleurs tient si peu à l'empire Ottoman, qu'en la détachant on lui rendrait peut-être un grand service.

Nous pouvons maintenant entrevoir le rôle de la France en Orient et la position que devrait prendre sa diplomatie.

La France, la plus grande puissance méditerranéenne,

qui en même temps a d'importantes possessions dans l'extrême Orient, est intéressée à ce que Constantinople ne tombe pas entre les mains d'une grande puissance européenne, laquelle, maîtresse du Bosphore et des Dardanelles, serait une menace perpétuelle pour elle dans la mer Méditerranée. Ni l'Angleterre, ni la Russie, ni l'Autriche ne doivent commander à Constantinople. La Turquie est condamnée en dernière instance. Qui est-ce qui pourrait devenir le gardien des détroits?

Nous osons répondre que personne autre que la confédération des Balkans. Constantinople qui serait un excès de force entre les mains d'une grande puissance ferait la principale force d'une confédération balkanique et ne serait pour personne un danger, car cette confédération aurait assez de force pour garder d'une manière utile Constantinople et n'en aurait jamais assez pour devenir, à cause de son ambition, un danger.

On ne devrait jamais oublier les paroles de Saint-Marc Girardin qui connaissait très bien la Turquie et disait que : « le secret de la question d'Orient est dans les populations intermédiaires de l'Europe asiatique et de l'Asie européenne, que là est le dénouement; que la nature et l'histoire ont placé entre les deux mondes d'Orient et d'Occident des populations destinées à amortir le choc et à ménager la transition; que par conséquent la paix de l'Orient et de l'Occident dépend de l'état social et politique de ces populations intermédiaires; qu'il est nécessaire au repos du monde qu'elles aient leur place et leur rang, qu'elles soient indépendantes et prospères, parce que, le jour où elles sont opprimées et effacées, la lutte s'établit aussitôt entre l'Orient et l'Occident, qui se heurtent par leurs différences, au lieu de se rapprocher par leurs ressemblances. »

Autrefois on pouvait dire que si la Turquie périssait sa place serait inévitablement occupée par la Russie, car les populations chrétiennes ne comptaient presque pas à cause de l'état misérable dans lequel elles se trouvaient. Dans une occurence pareille on aurait certainement fait le jeu de la Russie. Aujourd'hui nous avons des preuves éclatantes de la vitalité des nationalités orientales et l'Europe ne se trouve plus en face du dilemme: la Turquie ou la Russie.

Les affaires orientales ont toujours excité les appétits des grandes puissances et remplissaient d'effroi celles qui craignaient de ne pas avoir des compensations si les voisins s'agrandissaient.

Depuis une cinquantaine d'années la Turquie ne vit qu'à cause de la garantie européenne. L'Europe l'a sauvée de Mechemet-Ali, l'Europe l'a sauvée du Tsar Nicolas. On observait autrefois que puisque la Turquie ne vit qu'artificiellement du souffle de l'Occident, pourquoi ne la remplacerait-on pas par les chrétiens d'Orient auxquels la même garantie, qui protège la Turquie, viendrait en aide? Pourquoi ne pas protéger plutôt un berceau que prolonger la vie d'un agonisant ?

La faiblesse de la Turquie a suscité à l'Europe des embarras tout aussi graves que sa toute puissance, et le principal était la difficulté de la remplacer. Quelqu'un avait dit avec raison que tous les médecins du monde s'empresseraient de venir au secours des Turcs, mais que cet empressement n'aurait pour but que de les empêcher de mourir... dans les bras des autres.

La diplomatie française, fidèle à ses anciennes traditions, aujourd'hui surtout quand les événements lui ont donné raison, la diplomatie française, dans la phase française de la question orientale devrait soutenir les petits peuples balkaniques et propager par ses représentants à Constantinople, à Bucarest, à Athènes, à Belgrade et à Sofia l'idée d'une confédération ainsi que la préconisaient autrefois des publicistes telles que Michelet, Quinet, Lamartine et Saint Marc Girardin.

Il ne faudrait pourtant pas oublier que la Russie n'a jamais vu d'un bon œil une action quelconque des puissances occidentales dans la péninsule et tout concert européen concernant les affaires orientales. Sa diplomatie s'est toujours efforcée d'empêcher un pareil concert ou une immixtion quelconque de l'Europe.

Toutes les fois qu'on avait réussi à constituer ce jury européen qui prononçait une sentence dans les différends qui surgissaient entre la Turquie et ses populations, la Russie s'effaçait, demeurait à peu près passive et ce n'est que le jour où le concert européen n'existait plus qu'on la voyait entrer en action.

Pour prouver combien les prétentions des russes en ce qui concerne la Bulgarie sont injustes faisons un parallèle L'armée française est entrée en Belgique pour l'aider à recouvrer son indépendance. Que penserait-on de la diplomatie française si à chaque moment on rappellait aux Belges ce fait et si elle se croyait autorisée à intervenir dans leurs affaires intérieures ? Mais, ce qui est plus grave, que dirait-on si la France, n'aimant pas le roi ou la constitution belge, achetait quelques traîtres qui forceraient pendant la nuit les portes du palais, afin de détrôner le roi, ou bien fomenteraient un coup d'Etat pour imposer à la Belgique une revision constitutionelle ? Qu'aurait-on pensé si Louis-Philippe avait voulu imposer à la Belgique un général français ministre de la guerre ?

Et la similitude entre la Belgique et la France est bien plus grande qu'entre la Russie et la Bulgarie.

Des personnes peu au courant de ce qui se passe en Orient déplorent les embarras fréquents dans lesquels se trouve l'Europe à cause des petites nationalités balkaniques, sans se rendre compte, que si les grandes puissances voisines ne poursuivaient pas des projets inavouables et que si l'Europe ne voulait à tout prix jouer le rôle de providence, la question d'Orient trouverait sa solution, de la manière la plus simple et la plus pratique, par l'union des petites nationalités. Tout ce que les peuples balkaniques demandent c'est qu'on les laisse faire.

Si les grandes puissances voisines n'exploitaient pas l'état précaire de l'Orient et si l'Europe ne s'y immiscait pas en vertu d'un singulier droit de souveraineté morale, l'Occident ne serait pas troublé dans son développement progressif.

Rappelons-nous que l'*anarchie orientale*, de laquelle quelques organes parisiens font mention, n'est que le fait des grandes puissances, lesquelles, après avoir créé un état anormal en employant des moyens stigmatisés par la conscience de tout honnête homme, dénoncent ensuite à l'Europe l'état de trouble et de décomposition dans lequel se trouve l'Orient. C'est justement parce que les petits peuples isolés sont faibles qu'une immixtion de l'étranger dans leurs affaires intérieures est possible. Si l'on créait une confédération puissante, la Russie ne chercherait plus une diversion à ses embarras intérieurs par une conflagration orientale. C'est ce qu'elle fait toutes les fois que les esprits se sentent fatigués de l'insupportable état politique et social créé à l'Empire par le tsarisme. L'Angleterre ne pourrait plus détourner les regards de ceux bin lui demandent des comptes de ce qu'elle fait en Egypte par des révolutions en Bulgarie. L'Autriche-Hongrie abandonnerait ses plans de conquêtes et commencerait à son tour a rendre des comptes, car les Croates, les Serbes, les Slovaques, les Roumains de Transylvanie et les autres provinces roumaines de l'Hongrie supportent en frémissant le joug du parlement de Pesth.

Il n'y a que la France qui gagnerait à une solution définitive de la question orientale par une confédération des peuples balkaniques.

Elle, la plus grande puissance méditeranéenne, à la place d'un rival aurait un ami à Constantinople et sur les Dardanelles.

La diplomatie française devrait se convaincre que la Russie poursuit en Orient une politique de passion plutôt qu'une politique d'intérêt. La France, sans aucun intérêt apréciable, car une alliance entre la république française et l'autocratie moscovite est une impossibilité, contre ses traditions et contre les principes démocratiques sur lesquels est assis tout son organisme social, ne devrait pas soutenir une politique qui n'a d'autre but que la conquête.

Que la signature de la France ne se trouve pas au bas d'un document qui consacrerait une spoliation et une injustice.

Une noble et ferme résistance de la part de la France, unie aux puissances qui par des motifs différents se trouveront favorables aux peuples balkaniques, empêcherait une occupation militaire de la Bulgarie.

On ne propose l'occupation militaire qu'alors qu'on veut violenter un pays. Tous ceux qui veulent imposer à un pays un régime contraire aux aspirations nationales sans doute ont besoin d'une pression matérielle. Les invasions et les interventions n'ont jamais été faites en faveur des pays qui les ont subies et n'ont presque jamais profité aux envahisseurs. La France se rappelle avec douleur l'intervention de la restauration en Espagne et du second empire en Mexique. Pour ces gouvernements la faute morale a surpassé l'énorme perte matérielle.

Rien ne peut mieux juger les prétentions de la Russie que le désir d'aboutir à une occupation militaire.

Ma lettre n'a pas besoin de conclusion. Si elle réussit à attirer votre attention et celle de vos corréligionnaires politiques sur les malheureuses nationalités balkaniques et sur la direction, que nous avons l'audace de qualifier d'erronée, de la diplomatie française dans les affaires orientales, son but est atteint.

Nous connaissons celui qui, à un moment donné, sera l'expression éloquente des vrais républicains et qui ne met jamais sa parole qu'au service de l'humanité et des nobles causes.

Agréez, je vous prie, Monsieur, que je me dise, avec autant d'affection que de respect,

Votre tout dévoué,

M. N. SEULESCO.

Paris, mars 1887.

Lons-le-Saunier. — Imp. J. MAYET et Cie, rue Saint-Désiré, 20.